Primera edición: febrero 2023

Cualquier forma de reproducción, distribución, comunicación pública o transformación de esta obra solo puede ser realizada con la autorización del autor, salvo los casos previstos por la ley.

Ray Mondo Tondo

Descubre el poder de ChatGPT:

la guía definitiva

A Paola, amorosament.

Prólogo

En los últimos años, la Inteligencia Artificial ha tomado un papel cada vez más importante en nuestras vidas, cambiando la forma en que trabajamos, nos entretenemos y nos comunicamos. Uno de los desarrollos más interesantes en este ámbito es ChatGPT, un sistema de IA desarrollado por OpenAI que permite a los usuarios interactuar con la tecnología de manera natural y conversacional.

Este libro explora la evolución de la IA, el funcionamiento de ChatGPT y sus aplicaciones, así como las consideraciones éticas y de privacidad que deben tenerse en cuenta al usar este tipo de tecnología. También discutiremos el impacto que ChatGPT tiene en la sociedad y la economía, así como su futuro y las implicaciones éticas y de privacidad que se derivan de su uso.

Si estás interesado en conocer más sobre ChatGPT, o si quieres comprender cómo la IA está cambiando el mundo en el que vivimos, este libro es para ti. Desde los conceptos básicos hasta las consideraciones más avanzadas, te guiaremos a través de un viaje por el universo de la IA y de ChatGPT en particular.

Este libro ha sido escrito. prácticamente todo, por ChatGTP, solo contestando a las preguntas del autor.

indice

4

Introducción

En los últimos años, la Inteligencia Artificial ha tomado un papel cada vez más importante en nuestras vidas, cambiando la forma en que trabajamos, nos entretenemos y nos comunicamos. Uno de los desarrollos más interesantes en este ámbito es ChatGPT, un sistema de IA desarrollado por OpenAI que permite a los usuarios interactuar con la tecnología de manera natural y conversacional.

Este libro explora la evolución de la IA, el funcionamiento de ChatGPT y sus aplicaciones, así como las consideraciones éticas y de privacidad que deben tenerse en cuenta al usar este tipo de tecnología. También discutiremos el impacto que ChatGPT tiene en la sociedad y la economía, así como su futuro y las implicaciones éticas y de privacidad que se derivan de su uso.

Si estás interesado en conocer más sobre ChatGPT, o si quieres comprender cómo la IA está cambiando el mundo en el que vivimos, este libro es para ti. Desde los conceptos básicos hasta las consideraciones más avanzadas, te guiaremos a través de un viaje por el universo de la IA y de ChatGPT en particular.

1. ¿Qué es la Inteligencia Artificial?

La Inteligencia Artificial (IA) es una rama de la informática que se ocupa de la creación de sistemas capaces de realizar tareas que, hasta ahora, requerían inteligencia humana. Estos sistemas pueden ser programados para aprender, razonar y tomar decisiones, y son capaces de procesar grandes cantidades de información en tiempo real.

La Inteligencia Artificial se basa en la idea de que una máquina puede ser programada para imitar la inteligencia humana. Los avances en tecnología de la información y los datos, así como el aumento de la potencia de procesamiento, han permitido que la Inteligencia Artificial evolucione rápidamente en las últimas décadas. Hoy en día, la IA está siendo utilizada en una variedad de aplicaciones, desde asistentes virtuales hasta sistemas de diagnóstico médico y análisis financiero.

Hay varios tipos de Inteligencia Artificial, incluyendo el aprendizaje automático, el procesamiento del lenguaje natural, la visión por computadora y la robótica. Cada tipo de IA se enfoca en una tarea específica y utiliza técnicas y algoritmos específicos para lograr sus objetivos.

A medida que la IA se desarrolla, también surgen nuevos desafíos éticos y técnicos, como la privacidad de los datos y la responsabilidad de las decisiones tomadas por las máquinas. Es importante abordar estos desafíos mientras la IA continúa su evolución y se utiliza en más y más aplicaciones.

a) Historia de la AI

La historia de la Inteligencia Artificial se remonta a la década de 1950, cuando el matemático británico Alan Turing propuso el concepto de la "máquina pensante". Turing argumentó que una máquina podría ser programada para imitar la inteligencia humana y que, por lo tanto, sería difícil para un ser humano distinguir si está hablando con un humano o con una máquina. Este concepto se conoce como el "Test de Turing".

A mediados de la década de 1950, el investigador americano John McCarthy organizó el primer workshop sobre Inteligencia Artificial en Dartmouth College, en el que se definió la Inteligencia Artificial como "el estudio y diseño de sistemas capaces de realizar tareas que requieren inteligencia humana". Desde entonces, la Inteligencia Artificial se ha desarrollado rápidamente y ha sido influenciada por muchos avances tecnológicos y científicos.

Durante la década de 1960 y 1970, la Inteligencia Artificial experimentó un gran avance, especialmente en el campo de la robótica y el aprendizaje automático. Se desarrollaron algoritmos y técnicas de aprendizaje automático, como el algoritmo de aprendizaje de vecinos más cercanos y el algoritmo de regresión lineal. También se crearon sistemas de inteligencia artificial simples, como ELIZA, un programa de conversación en texto que simula un terapeuta psicológico.

Durante la década de 1980 y 1990, la Inteligencia Artificial experimentó un período de estancamiento debido a la falta de avances significativos en tecnología y a la falta de financiamiento. Sin embargo, a medida que la tecnología de la información y los datos se desarrollaron, la Inteligencia Artificial experimentó un resurgimiento en la década de 2000.

Hoy en día, la Inteligencia Artificial se está utilizando en una amplia variedad de aplicaciones, desde sistemas de recomendación en línea hasta asistentes virtuales como Siri y Alexa. Además, el aprendizaje profundo y la visión por computadora están permitiendo una mayor automatización en sectores como la manufactura, la medicina y la agricultura.

A medida que la Inteligencia Artificial continúa evolucionando, se espera que tenga un impacto cada vez mayor en la sociedad y la economía, y que abra nuevas posibilidades para la investigación y el desarrollo en muchos campos. Sin embargo, también es importante abordar los desafíos éticos y técnicos que surgen con el desarrollo de la IA y garantizar que se utilice de manera responsable y justa. Además, la Inteligencia Artificial también plantea preocupaciones sobre la privacidad y la seguridad de la información, así como sobre la potencial pérdida de empleos debido a la automatización.

Es importante continuar investigando y desarrollando la Inteligencia Artificial de manera responsable, para aprovechar al máximo sus potenciales beneficubrimientos y avances, y minimizar sus posibles riesgos y desafíos. En última instancia, la Inteligencia Artificial es una herramienta poderosa que puede ayudar a resolver algunos de los problemas más importantes del mundo, siempre y cuando se aborde con un enfoque cuidadoso y ético.

La Inteligencia Artificial se ha desarrollado en muchas áreas diferentes, cada una con sus propios desafíos y objetivos específicos. Algunos de los tipos más importantes de IA incluyen:

b)   Aprendizaje automático.

Este tipo de IA se concentra en el desarrollo de sistemas que pueden aprender por sí solos a partir de datos. Por ejemplo, un sistema de aprendizaje automático puede ser entrenado con miles de imágenes de gatos y perros para que pueda identificar a qué categoría pertenece una nueva imagen.

Procesamiento del lenguaje natural: Este tipo de IA se concentra en la comprensión y producción del lenguaje humano. Por ejemplo, un sistema de procesamiento del lenguaje natural puede ser utilizado para traducir textos de un idioma a otro o para responder preguntas en una conversación natural.

c)   Visión por computadora.

Este tipo de IA se concentra en el análisis de imágenes y video. Por ejemplo, un sistema de visión por computadora puede ser utilizado para detectar objetos o personas en un video o para clasificar imágenes en categorías específicas.

d)   Robótica.

Este tipo de IA se concentra en la creación de robots autónomos que pueden realizar tareas específicas en el mundo real. Por ejemplo, un robot de limpieza puede ser programado para limpiar una casa sin la necesidad de intervención humana.

Estos son solo algunos ejemplos de los tipos de IA más comunes, pero existen muchos otros, como la inteligencia artificial de juegos, la inteligencia artificial financiera, la inteligencia artificial médica, entre otros. Cada tipo de IA se concentra en un conjunto diferente de desafíos y oportunidades, y juntos conforman un campo muy diverso y emocionante de investigación y aplicación.

La Inteligencia Artificial (IA) es una tecnología que está transformando la sociedad y la economía de muchas maneras. Algunas de las formas en que la IA está teniendo un impacto significativo incluyen:

e)   Mejora de la productividad.

La IA puede ayudar a automatizar tareas repetitivas y a realizar análisis de datos más rápidos y precisos. Esto puede liberar tiempo para que los trabajadores humanos se concentren en tareas más valiosas y críticas, lo que a su vez puede mejorar la eficiencia y la productividad en una variedad de industrias.

f) Avances en la investigación y el desarrollo médico.

La IA está siendo utilizada para analizar grandes cantidades de datos médicos y para ayudar a identificar patrones y tendencias que pueden ayudar a informar la investigación médica y a mejorar el diagnóstico y el tratamiento de enfermedades.

g) Mejoras en la experiencia del cliente.

La IA está siendo utilizada para personalizar la experiencia del cliente en una variedad de industrias, desde la atención al cliente hasta la recomendación de productos. Al utilizar datos sobre las preferencias y el comportamiento de los clientes, las empresas pueden ofrecer un servicio más personalizado y relevante.

h) Avances en la robótica y la automatización.

La IA está impulsando la creación de robots más avanzados y autónomos, que pueden realizar una variedad de tareas en el mundo real. Esto está teniendo un impacto significativo en la industria, mejorando la eficiencia y la seguridad en una variedad de procesos productivos.

Estos son solo algunos ejemplos del impacto de la IA en la sociedad y la economía, y a medida que la tecnología continúa avanzando, se esperan más avances y aplicaciones en el futuro. Es importante señalar que, aunque la IA tiene mucho potencial para mejorar la vida de las personas y el rendimiento de las empresas, también plantea algunos desafíos y preocupaciones, como la pérdida de empleos y la privacidad de los datos. Por lo tanto, es importante abordar estos desafíos de manera responsable a medida que la IA continúa desarrollándose y evolucionando.

En el desarrollo de la Inteligencia Artificial, existen varios desafíos y retos éticos y técnicos que deben ser considerados. A continuación, describimos algunos de ellos:

i)   Bias y Discriminación.

Uno de los mayores desafíos éticos en la IA es la posible creación de sistemas discriminatorios. Esto puede ocurrir cuando los datos utilizados para entrenar un sistema son sesgados o incluso cuando los algoritmos subyacentes son diseñados con ciertos prejuicios. Esto puede llevar a resultados injustos o dañinos para ciertos grupos de personas.

j) Privacidad y Protección de Datos.

Otro desafío importante es garantizar la privacidad y la protección de los datos utilizados en los sistemas de IA. Con la cantidad de información personal que está siendo recopilada y utilizada por los sistemas de IA, es crucial garantizar que los derechos de privacidad de las personas sean respetados y que sus datos estén protegidos.

k) Transparencia y Explicabilidad.

Los sistemas de IA pueden ser complejos y difíciles de entender. Esto puede dificultar la comprensión de cómo funcionan y cómo se llegan a determinadas conclusiones. Esto también puede ser un desafío para la toma de decisiones justas y equitativas.

l) Obligaciones y Responsabilidades.

Un desafío importante es determinar quién es responsable de los errores o daños causados por los sistemas de IA. Es importante definir las responsabilidades y obligaciones de los desarrolladores, los usuarios y los reguladores en caso de problemas o controversias relacionadas con la IA.

m) Desarrollo y Distribución Equitativa.

Otro desafío importante es garantizar que el desarrollo y la distribución de la IA sean equitativos y no exacerben las desigualdades existentes. Es importante garantizar que los descubrimientos y avances en la IA sean accesibles y aprovechados por todos, en lugar de ser controlados por un pequeño número de países o corporaciones.

Estos desafíos y retos éticos y técnicos deben ser considerados y abordados de manera proactiva por la comunidad de investigación e industria de la IA. La IA tiene el potencial de ser una tecnología transformadora y puede mejorar significativamente la vida de las personas, pero es importante abordar estos desafíos y retos para garantizar que su desarrollo y uso sean responsables y éticos.

2. Fundamentos de ChatGPT

Este capítulo se enfoca en los Fundamentos de ChatGPT. En esta sección, se explicará en detalle cómo funciona ChatGPT, qué tecnologías se utilizan y cómo se entrena. Además, se describirán los conceptos clave y las técnicas que se utilizan para mejorar la capacidad de respuesta y la precisión de ChatGPT. Esta sección es importante para comprender el funcionamiento interno de ChatGPT y cómo se logra su alto rendimiento en tareas de lenguaje natural. Al final de este capítulo, los lectores tendrán una comprensión profunda de los fundamentos de ChatGPT y cómo se utiliza para mejorar la interacción humano-computadora.

a) ¿Qué es ChatGPT?

Ahora vamos a detallar lo que es ChatGPT. ChatGPT es un modelo de lenguaje desarrollado por OpenAI. Es una forma avanzada de inteligencia artificial diseñada para generar texto en una variedad de tareas, incluyendo la conversación con humanos.

ChatGPT es una variante de GPT-3, que es un modelo de lenguaje transaccional de nivel de procesamiento de texto. La tecnología GPT (Generative Pretrained Transformer) es una técnica de aprendizaje profundo en la que se entrena un modelo con una gran cantidad de texto previamente procesado. Al hacer esto, el modelo aprende patrones y características de las relaciones entre palabras, frases y contextos. Esto permite que el modelo genere texto de manera autónoma con una alta grado de coherencia y fluidez.

El modelo ChatGPT es especialmente efectivo en la tarea de conversación, ya que ha sido entrenado con una gran cantidad de conversaciones y texto conversacional. Por lo tanto, es capaz de responder a una amplia variedad de preguntas e incluso mantener conversaciones complejas con humanos. Además, ChatGPT es altamente personalizable, lo que significa que se puede entrenar con información específica para una tarea o un dominio específico para mejorar su capacidad de respuesta en ese ámbito.

En resumen, ChatGPT es una tecnología de inteligencia artificial avanzada diseñada para generar texto con un alto nivel de coherencia y fluidez. Se ha entrenado en una gran cantidad de conversaciones y texto conversacional para ser efectivo en tareas de conversación, y es altamente personalizable para mejorar su desempeño en un dominio específico.

b) Arquitectura de Transformer

La arquitectura de Transformer es un modelo de aprendizaje profundo que ha revolucionado el campo del procesamiento del lenguaje natural. Fue presentada por Vaswani et al. en 2017 y desde entonces ha sido ampliamente utilizada en aplicaciones como traducción automática, resumen de texto y generación de texto.

En resumen, la arquitectura de Transformer consiste en una serie de módulos que procesan la entrada secuencial, ya sea una secuencia de palabras o caracteres, para producir una salida. Cada módulo consta de dos componentes principales: una atención multi-cabeza y una red neuronal completamente conectada. La atención multi-cabeza permite al modelo considerar la relación entre las diferentes partes de la entrada secuencial al mismo tiempo, mientras que la red neuronal completamente conectada aplica una transformación no lineal a la entrada.

Uno de los aspectos clave de la arquitectura de Transformer es que utiliza un mecanismo de atención en lugar de secuencias recurrentes o convolucionales, lo que permite una mejor paralelización y una mayor eficiencia en términos de tiempo de entrenamiento. Además, la arquitectura de Transformer también permite un fácil acceso a la información global de la secuencia, lo que resulta en un mejor rendimiento en tareas que requieren comprensión de la estructura global del texto.

En cuanto a ChatGPT, es un modelo de lenguaje generativo basado en la arquitectura de Transformer. Se entrenó en una amplia variedad de textos de Internet, incluyendo artículos de noticias, conversaciones en foros y redes sociales, y mucho más. Gracias a su capacidad para comprender y generar texto en una amplia variedad de contextos, ChatGPT es capaz de responder de manera natural y coherente a preguntas y comentarios en tiempo real.

En resumen, la arquitectura de Transformer es un componente fundamental de ChatGPT, ya que proporciona la capacidad de procesar y generar texto de manera eficiente y efectiva. Al utilizar un mecanismo de atención multi-cabeza y una red neuronal completamente conectada, ChatGPT es capaz de comprender y generar texto en una amplia variedad de contextos y situaciones, lo que lo convierte en una herramienta valiosa para una amplia gama de aplicaciones.

c)   Funcionamiento de ChatGPT

ChatGPT es un modelo de lenguaje basado en la arquitectura Transformer, que fue entrenado con una gran cantidad de texto y utiliza el aprendizaje profundo para generar texto coherente y coherente. En términos simples, ChatGPT toma un prompt de texto como entrada y genera una respuesta continuación de ese texto.

El funcionamiento de ChatGPT se divide en dos partes principales: la codificación y la generación. En la codificación, el prompt de texto se convierte en una representación matemática, que luego se utiliza como entrada para el proceso de generación. En la generación, se utiliza la representación matemática para generar una respuesta.

Durante la generación, ChatGPT utiliza la información almacenada en sus múltiples capas para predecir la siguiente palabra en la secuencia de texto. Cada capa del modelo analiza la entrada en un nivel diferente de detalle, desde una perspectiva global hasta detalles específicos de la palabra. La información se combina en una única representación de la respuesta, que se utiliza para predecir la siguiente palabra en la secuencia.

Una vez que se han generado varias palabras, se puede repetir el proceso para generar una respuesta más larga y más detallada. Al hacer esto, ChatGPT puede generar una respuesta coherente y fluida, lo que lo convierte en un modelo efectivo para la conversación.

En resumen, el funcionamiento de ChatGPT se basa en la arquitectura Transformer y en la utilización del aprendizaje profundo para generar texto coherente y coherente a partir de un prompt de texto. La codificación y la generación son las dos partes principales del proceso, y ChatGPT utiliza la información almacenada en sus capas para predecir la siguiente palabra en la secuencia y generar una respuesta más detallada.

3.   Entrenamiento de ChatGPT

El entrenamiento de ChatGPT, es una parte crucial en el desarrollo y el desempeño de este modelo de lenguaje avanzado. En este capítulo, exploraremos en profundidad cómo se entrena a ChatGPT y cómo se optimiza su rendimiento. Aprenderemos acerca de los diferentes algoritmos y técnicas utilizados en el entrenamiento, incluyendo optimización de gradiente, regularización y validación cruzada. También examinaremos las implicaciones éticas y los desafíos prácticos asociados con el entrenamiento de modelos de lenguaje en gran escala.

Además, examinaremos cómo se utiliza la retroalimentación de los usuarios para mejorar continuamente la precisión y la capacidad de ChatGPT. Aprenderemos cómo se miden y se evalúan los resultados del entrenamiento, y cómo se utiliza esta información para realizar ajustes en el modelo y mejorar su desempeño.

En resumen, el Capítulo III es una oportunidad para profundizar en el proceso detrás del entrenamiento de ChatGPT y para comprender mejor cómo se asegura su capacidad para responder de manera precisa y efectiva a una amplia gama de preguntas y situaciones.

a)   Fuentes de datos

Esta, las fuentes de datos, es una parte esencial en el entrenamiento de cualquier modelo de lenguaje. Es importante comprender de dónde provienen los datos utilizados para entrenar el modelo y cómo estos afectan la capacidad del modelo para generar respuestas precisas y coherentes.

Las fuentes de datos utilizadas para entrenar a ChatGPT son enormes cantidades de texto en internet, incluyendo páginas web, noticias, conversaciones en línea, libros y otros materiales de texto disponibles en línea. Estos datos se seleccionan y procesan para crear un corpus de entrenamiento que se utiliza para entrenar al modelo.

Es importante tener en cuenta que la calidad y diversidad de las fuentes de datos puede tener un impacto significativo en la capacidad del modelo para generar respuestas precisas y coherentes. Por ejemplo, si los datos utilizados para entrenar el modelo provienen principalmente de fuentes con un sesgo político o cultural, es probable que el modelo refleje ese sesgo en sus respuestas.

Por lo tanto, es crucial asegurarse de que las fuentes de datos utilizadas para entrenar a ChatGPT sean diversas y representativas de una amplia gama de perspectivas y opiniones. Además, es importante monitorear constantemente el rendimiento del modelo y ajustar las fuentes de datos en consecuencia para garantizar que siga siendo preciso y útil.

En resumen, las fuentes de datos son un componente crítico en el entrenamiento de ChatGPT y deben ser cuidadosamente seleccionadas y monitoreadas para garantizar que el modelo pueda generar respuestas precisas y coherentes.

b) Proceso de entrenamiento

El proceso de entrenamiento de ChatGPT es una parte fundamental de su creación y desarrollo. Este proceso consiste en enseñar a la red neuronal a responder a una pregunta o a generar texto en base a una prompt o contexto dado.

Para hacer esto, se utiliza un gran corpus de texto que actúa como la fuente de aprendizaje para la red neuronal. Estos datos se procesan y se presentan a la red neuronal en forma de pequeñas frases o segmentos de texto. La red neuronal luego utiliza su estructura de Transformer para analizar y comprender estos segmentos de texto, y aprender a responder o generar texto similar en el futuro.

Una vez que la red neuronal ha procesado estos segmentos de texto, se evalúa su desempeño en base a una métrica específica, como la perplejidad o la exactitud de la respuesta. Si el desempeño no es el deseado, los pesos de la red neuronal se ajustan para mejorar su capacidad de respuesta en el futuro. Este proceso se repite varias veces, con la red neuronal aprendiendo y mejorando su desempeño en cada iteración.

El proceso de entrenamiento puede llevar mucho tiempo, ya que la red neuronal debe procesar grandes cantidades de datos y ajustar sus pesos en consecuencia. Sin embargo, una vez completado, la red neuronal estará capacitada para responder o generar texto de manera efectiva y con un alto grado de coherencia y relevancia.

Es importante destacar que el proceso de entrenamiento no es un proceso puntual, sino que la red neuronal debe ser entrenada regularmente para mantener su desempeño y capacidad de respuesta. Además, el corpus de datos utilizado para el entrenamiento puede ser actualizado y mejorado para garantizar que la red neuronal esté al tanto de los cambios y tendencias en el lenguaje.

c)   Consideraciones éticas y de privacidad

Las Consideraciones éticas y de privacidad son un conjunto de normas y regulaciones que buscan garantizar que el uso de tecnologías, como los modelos de lenguaje como ChatGPT, se realice de manera responsable y respetuosa con los derechos de los individuos.

En el caso de ChatGPT, estas consideraciones incluyen la selección cuidadosa de las fuentes de datos utilizadas para su entrenamiento, para asegurarse de que no incluyan información personal identificable o contEstas consideraciones se enfocan en proteger la privacidad de los datos personales y evitar su uso indebido o abusivo, así como también en garantizar que el modelo de lenguaje no cause daño o discriminación a cualquier grupo o individuo.enido inapropiado. También se deben tomar medidas para evitar la reidentificación de los datos, como la anonymización o la encriptación.

Además, es importante considerar la forma en que el modelo puede ser utilizado y tener en cuenta los posibles impactos negativos, como la difusión de información falsa o la perpetuación de estereotipos y prejuicios.

En resumen, las Consideraciones éticas y de privacidad son cruciales para garantizar el uso responsable y ético de los modelos de lenguaje como ChatGPT y proteger los derechos de los individuos. Es importante que se tomen en cuenta desde el diseño y desarrollo del modelo hasta su implementación y uso en aplicaciones prácticas.

4. Interacción con ChatGPT

El Capítulo 4, Interacción con ChatGPT, es crucial para entender cómo se puede interactuar con este modelo de lenguaje y obtener respuestas útiles y precisas. En este capítulo, se profundizará en los detalles sobre cómo funciona la interacción con ChatGPT y cómo se pueden utilizar sus capacidades para resolver preguntas, realizar tareas y generar texto.

Se discutirán diferentes formas de interactuar con ChatGPT, incluyendo la conversación a través de una interfaz de usuario, la integración en aplicaciones y sistemas, y la programación de tareas específicas utilizando su API. También se explorarán los aspectos técnicos detrás de la interacción, incluyendo cómo se realiza la toma de decisiones y la selección de respuestas adecuadas.

Además, se abordarán las consideraciones éticas y de privacidad que surgen al interactuar con un modelo de lenguaje de inteligencia artificial como ChatGPT. Esto incluirá una discusión sobre la responsabilidad de garantizar la privacidad de los datos y la protección de la privacidad de los usuarios, así como la importancia de tener en cuenta las implicaciones éticas de la interacción con modelos de inteligencia artificial.

En resumen, este capítulo, Interacción con ChatGPT, es una guía esencial para entender cómo interactuar con este modelo de lenguaje de manera efectiva y responsable. Con su ayuda, los lectores podrán aprovechar al máximo las capacidades de ChatGPT y utilizarlas para lograr sus objetivos.

a) Cómo usar ChatGPT

El subcapítulo "Cómo usar ChatGPT" se enfoca en brindar información detallada sobre la interacción y el uso de ChatGPT en diferentes contextos y aplicaciones. Aquí se describen los diferentes modos de acceso a la tecnología, desde interfaces gráficas de usuario hasta integraciones en aplicaciones y servicios en la nube.

El objetivo principal de este subcapítulo es proveer a los usuarios con la información necesaria para utilizar ChatGPT de manera efectiva y eficiente. Se describen las características y las funcionalidades básicas de la tecnología, incluyendo la forma de formular preguntas y obtener respuestas precisas y útiles. Además, se proporciona información sobre la personalización y la configuración de ChatGPT para adaptarse a diferentes requisitos y usos específicos.

Este subcapítulo también incluye secciones sobre cómo optimizar la interacción con ChatGPT, desde la formulación de preguntas hasta la interpretación de las respuestas obtenidas. Se destacan los mejores prácticas y se proporcionan consejos para aprovechar al máximo la tecnología.

Puede ser usado de diferentes maneras dependiendo de las necesidades del usuario. Una de las formas más comunes de interactuar con ChatGPT es a través de una interfaz de línea de comando o una aplicación web que permite al usuario escribir preguntas o frases y recibir respuestas en tiempo real.

Para usar ChatGPT, es necesario acceder a una interfaz que lo aloque, ya sea en línea o descargando una versión local en tu computadora. Una vez en la interfaz, se puede comenzar a interactuar con ChatGPT escribiendo preguntas o frases en el cuadro de texto correspondiente.

ChatGPT utiliza su entrenamiento previo y su capacidad para comprender el lenguaje humano para generar respuestas coherentes y relevantes a las preguntas o frases proporcionadas. Es importante tener en cuenta que, aunque ChatGPT es altamente sofisticado, aún puede cometer errores o no tener la información correcta.

En resumen, usar ChatGPT es simple y accesible para cualquier persona con acceso a una computadora o dispositivo móvil con conexión a Internet. Al escribir preguntas o frases, ChatGPT utiliza su entrenamiento previo para generar respuestas coherentes y relevantes y es un recurso valioso para aquellos que desean obtener información detallada sobre cómo interactuar con ChatGPT y aprovechar al máximo su potencial.

b)   Formatos de entrada y salida

Los formatos de entrada y salida son los medios a través de los cuales el usuario proporciona información al modelo y recibe las respuestas generadas por él. Estos formatos pueden variar dependiendo de la implementación de ChatGPT y la plataforma en la que se ejecuta. Sin embargo, algunos de los formatos más comunes incluyen:

- Entrada por texto: Es uno de los formatos más comunes y consiste en enviar una pregunta o una frase al modelo como una cadena de texto plano. Este formato es fácil de usar y accesible para la mayoría de los usuarios.

- Entrada por voz: En este formato, el usuario habla con el modelo y su voz es convertida a texto antes de ser procesada por el modelo. Este formato es útil para situaciones en las que es más conveniente hablar que escribir.

- Entrada por imágenes o videos: En algunos casos, el modelo puede recibir información en forma de imágenes o videos y generar una respuesta en base a esa información.

En cuanto a los formatos de salida, algunos de los más comunes incluyen:

- Salida por texto: Este formato es similar al formato de entrada por texto y consiste en recibir una respuesta en forma de texto plano.

- Salida por audio: En este formato, la respuesta generada por el modelo es convertida a audio para ser escuchada por el usuario.

- Salida por imágenes o videos: En algunos casos, el modelo puede generar una respuesta en forma de imágenes o videos.

Es importante tener en cuenta que los formatos de entrada y salida pueden afectar la precisión y la calidad de las respuestas generadas por el modelo. Por lo tanto, es importante seleccionar el formato adecuado en función de las necesidades y objetivos de la aplicación.

c) Limitaciones y consideraciones

Las limitaciones y consideraciones a tener en cuenta en el uso de ChatGPT son cruciales para garantizar una experiencia eficiente y segura. Algunos de los aspectos más importantes incluyen:

1. Capacidad de comprensión: Aunque ChatGPT es un modelo de lenguaje avanzado, todavía puede tener dificultades para comprender algunas frases o contextos específicos. Por lo tanto, es importante ser claro y específico en las preguntas o tareas que se le presentan.

2. Bias de entrenamiento: ChatGPT fue entrenado en una amplia variedad de textos, incluyendo noticias, conversaciones y otros tipos de contenido en línea. Como resultado, puede estar influenciado por los prejuicios o perspectivas presentes en estos textos. Es importante tener en cuenta estos bias y evaluar críticamente la información generada por ChatGPT.

3. Responsabilidad: Al usar ChatGPT, es importante ser consciente de que el modelo no tiene una conciencia y no es responsable de las acciones o decisiones que se basan en su salida. El usuario es el único responsable de evaluar y utilizar la información generada por ChatGPT de manera ética y responsable.

4. Privacidad: Al interaccionar con ChatGPT, es posible que se compartan datos personales o confidenciales. Es importante tomar medidas para proteger la privacidad, como utilizar una

conexión segura o evitar compartir información confidencial.

En resumen, al utilizar ChatGPT, es importante tener en cuenta estas limitaciones y consideraciones para garantizar una experiencia segura y eficiente.

5. Aplicaciones de ChatGPT

El Capítulo, "Aplicaciones de ChatGPT", es una sección fundamental en el estudio y comprensión de ChatGPT, ya que presenta las formas en las que este modelo de lenguaje puede ser utilizado para resolver problemas reales y mejorar diferentes procesos en diferentes industrias.

ChatGPT es una tecnología altamente versátil, y su capacidad para generar texto coherente y natural ha sido utilizada en una amplia variedad de aplicaciones, desde el chatbot para atención al cliente hasta la generación de resúmenes y contenido. En este capítulo se explorarán en detalle algunas de las aplicaciones más comunes y relevantes de ChatGPT, y se discutirá cómo esta tecnología ha revolucionado y mejorado diferentes industrias y sectores.

Además, en este capítulo se abordarán las posibilidades futuras y las tendencias en el desarrollo de aplicaciones de ChatGPT, incluyendo la integración con otras tecnologías y la evolución en la capacidad de comprensión y generación de lenguaje por parte de los modelos de lenguaje.

En resumen, el Capítulo 5 es crucial para entender la importancia y el impacto de ChatGPT en diferentes ámbitos y para visualizar las infinitas posibilidades que ofrece este modelo de lenguaje para resolver problemas reales y mejorar la vida de las personas.

a) Chatbots

El subcapítulo Chatbots del Capítulo V Aplicaciones de ChatGPT se enfoca en una de las aplicaciones más populares y comunes de ChatGPT. Un chatbot es un programa de computadora diseñado para simular una conversación humana con un usuario a través de una plataforma, como un sitio web o aplicación móvil. Los chatbots pueden ser programados para responder a preguntas frecuentes, brindar recomendaciones, realizar transacciones y mucho más.

A medida que la tecnología de inteligencia artificial y el aprendizaje automático continúan avanzando, los chatbots se han vuelto cada vez más sofisticados y capaces de imitar mejor la conversación humana. Con la ayuda de ChatGPT, los desarrolladores pueden crear chatbots con una mayor capacidad de comprensión y respuesta, lo que resulta en conversaciones más naturales y satisfactorias para los usuarios.

Los chatbots son programas informáticos diseñados para simular una conversación humana con un usuario, y son cada vez más utilizados en diferentes industrias y contextos para mejorar la eficiencia y la satisfacción del cliente. Con ChatGPT, es posible crear chatbots más avanzados y con mejor capacidad de comprensión del lenguaje natural, lo que permite que la conversación sea más fluida y natural.

Para crear un chatbot con ChatGPT, es necesario primero definir los objetivos y el contexto en el que se desea utilizar. Luego, se debe recopilar y preparar una gran cantidad de datos de texto relacionados con el objetivo del chatbot, que se utilizarán para entrenar a ChatGPT. Una vez entrenado, se puede utilizar ChatGPT para generar respuestas a preguntas y comandos formulados por los usuarios.

Hay diferentes formas de integrar ChatGPT en un chatbot, desde un enfoque completamente autónomo hasta una combinación de inteligencia artificial y humanos. Esto permite a los chatbots proporcionar respuestas rápidas y precisas, y ofrecer una experiencia de usuario más personalizada y satisfactoria.

En la industria financiera, por ejemplo, los chatbots pueden utilizarse para automatizar tareas repetitivas y proporcionar información básica a los clientes, como la consulta de saldos y transacciones. En la atención al cliente, los chatbots pueden utilizarse para resolver problemas y proporcionar información de forma eficiente y ahorrar tiempo al personal humano. En la educación, los chatbots pueden utilizarse para proporcionar tutorías personalizadas y apoyo a los estudiantes.

Es importante tener en cuenta que, aunque ChatGPT es una herramienta poderosa, también presenta limitaciones y desafíos, como la necesidad de una cantidad significativa de datos para el entrenamiento y la necesidad de monitorear y actualizar el chatbot para garantizar que siga proporcionando información precisa y relevante. Además, es importante considerar las implicaciones éticas y de privacidad asociadas con el uso de chatbots, como la protección de la información personal y la transparencia en la identificación de que se está interactuando con un chatbot.

b) Generación de texto

La generación de texto es una aplicación de ChatGPT que consiste en producir textos completos a partir de una semilla o un contexto proporcionado. La idea es que el modelo genere textos coherentes y coherentes con el contexto dado.

El proceso de generación de texto se realiza mediante el uso de algoritmos de aprendizaje automático que han sido entrenados con grandes cantidades de texto previamente. El modelo recibe una semilla o un contexto como entrada y luego, mediante la utilización de la probabilidad y la estadística, genera un texto coherente y coherente con ese contexto.

Para lograr una generación de texto de alta calidad, es importante contar con un corpus de texto representativo y de alta calidad. Además, es importante optimizar y ajustar el modelo para que tenga un buen desempeño en términos de coherencia y cohesión.

En resumen, la generación de texto con ChatGPT se trata de un proceso en el que se combinan el aprendizaje automático, la probabilidad y la estadística para producir textos coherentes y coherentes con un contexto dado. Esta aplicación de ChatGPT es muy útil en diferentes industrias y contextos, incluyendo la creación de contenido, la publicidad, la educación y muchas otras más.

c)   Traducción automática

La traducción automática es una aplicación de inteligencia artificial que permite traducir textos de un idioma a otro sin la intervención humana. La traducción automática es una tarea compleja que requiere de una gran cantidad de datos de entrenamiento y una comprensión profunda del lenguaje y las culturas involucradas.

ChatGPT, al ser un modelo de lenguaje de gran capacidad, puede ser utilizado para realizar traducción automática. Para ello, se entrena el modelo con datos de traducción de un idioma a otro, de tal forma que aprenda a relacionar palabras, frases y estructuras del idioma fuente con su equivalente en el idioma destino.

El proceso de traducción con ChatGPT comienza con la entrada de un texto en un idioma fuente. Luego, el modelo utiliza sus conocimientos adquiridos durante su entrenamiento para producir una traducción en el idioma destino. Esta traducción se produce en base a la probabilidad de que ciertas palabras y frases en el idioma destino se correspondan con el texto en el idioma fuente.

Es importante tener en cuenta que, aunque la traducción automática con ChatGPT puede ser muy efectiva en muchos casos, todavía existen limitaciones y consideraciones a tener en cuenta. Por ejemplo, el modelo puede tener dificultades para captar las sutilezas culturales y lingüísticas que pueden afectar a la precisión de la traducción. Además, en algunos casos, la traducción puede ser literal y no tener en cuenta la contextura del texto original, lo que puede llevar a resultados confusos o equivocados.

En general, la traducción automática con ChatGPT es una herramienta muy útil que puede ayudar a facilitar la comunicación entre personas de diferentes países y lenguas, pero es importante tener en cuenta sus limitaciones y utilizarla con precaución.

6. Integración de ChatGPT con otras tecnologías.

La integración de ChatGPT con otras tecnologías es un aspecto importante que permite ampliar y mejorar su funcionamiento y aplicación en diferentes contextos. En este capítulo, analizaremos las diferentes formas en que ChatGPT puede ser integrado con otras tecnologías, como por ejemplo, la inteligencia artificial, el análisis de datos, la automatización, la robótica, entre otros.

Esta integración permite aprovechar los beneficubrimientos y avances de cada tecnología para mejorar y optimizar la funcionalidad de ChatGPT. Por ejemplo, mediante la integración con el análisis de datos, se pueden obtener información valiosa sobre las tendencias y preferencias de los usuarios, que a su vez pueden ser utilizadas para mejorar la experiencia de usuario.

En este capítulo, exploraremos en detalle los diferentes escenarios de integración de ChatGPT con otras tecnologías, y analizaremos las ventajas y desventajas de cada una de ellas. También hablaremos sobre los desafíos técnicos y éticos que surgen en el proceso de integración, y cómo se pueden abordar.

En resumen, el Capítulo VI sobre Integración de ChatGPT con otras tecnologías es una exploración exhaustiva de las diferentes formas en que ChatGPT puede ser utilizado en combinación con otras tecnologías para lograr un rendimiento óptimo y una aplicación más amplia.

a) Integración con aplicaciones empresariales

La integración de ChatGPT con aplicaciones empresariales es un proceso que permite a las empresas aprovechar las capacidades de procesamiento de lenguaje natural de ChatGPT para mejorar la eficiencia y la efectividad de sus procesos de negocios. Esto se logra conectando ChatGPT con diferentes aplicaciones y sistemas empresariales para automatizar tareas repetitivas, mejorar la interacción con los clientes y proporcionar información valiosa y precisa en tiempo real.

Algunas de las aplicaciones empresariales más comunes que se integran con ChatGPT incluyen CRM (Customer Relationship Management), sistemas de atención al cliente, plataformas de marketing, aplicaciones de gestión de proyectos y sistemas de análisis de datos. La integración de ChatGPT con estas aplicaciones permite a las empresas procesar grandes cantidades de datos, automatizar tareas repetitivas y mejorar la eficiencia de sus procesos de negocios.

Además, la integración de ChatGPT con aplicaciones empresariales también permite a las empresas mejorar la interacción con sus clientes. Por ejemplo, se puede utilizar ChatGPT para crear chatbots que brinden atención al cliente en tiempo real y resuelvan consultas de manera eficiente. También se puede utilizar ChatGPT para personalizar las experiencias de marketing y publicidad para los clientes.

En resumen, la integración de ChatGPT con aplicaciones empresariales es una herramienta valiosa para mejorar la eficiencia, la efectividad y la interacción de las empresas con sus clientes.

b) Integración con aplicaciones de entretenimieno

ChatGPT puede ser integrado con diferentes aplicaciones de entretenimiento para proporcionar una experiencia interactiva y enriquecedora a los usuarios. La tecnología de lenguaje natural de ChatGPT permite a los desarrolladores crear aplicaciones lúdicas y entretenidas que involucren a los usuarios de manera efectiva y atractiva.

Por ejemplo, se puede utilizar ChatGPT para crear videojuegos que respondan a los comandos y preguntas del usuario en tiempo real. También se puede utilizar para crear aplicaciones de conversación con personajes ficticios, lo que permite a los usuarios tener conversaciones fluidas y naturales con ellos. Además, ChatGPT puede ser integrado con aplicaciones de cine y televisión, permitiendo a los usuarios tener conversaciones con personajes de sus programas favoritos o recomendaciones personalizadas basadas en sus intereses.

En general, la integración de ChatGPT con aplicaciones de entretenimiento permite una interacción más personalizada y atractiva para los usuarios, mejorando su experiencia y fidelización. Es importante destacar que esta integración también puede tener consideraciones éticas y de privacidad, por lo que es necesario abordarlas de manera cuidadosa para garantizar una implementación responsable y segura.

c) Integración con sistemas de voz y control por voz

La integración de ChatGPT con sistemas de voz y control por voz es un aspecto importante de su aplicación en la tecnología. Este tipo de integración permite a los usuarios interactuar con ChatGPT a través de comandos de voz en lugar de tener que escribir texto. Esto puede ser especialmente útil en situaciones en las que un usuario no puede o prefiere no escribir, como cuando se está en movimiento o se está ocupado con otras tareas.

La integración con sistemas de voz y control por voz utiliza tecnologías como reconocimiento de voz y síntesis de voz para permitir que los usuarios interactúen con ChatGPT de manera más natural y eficiente. En el caso de los sistemas de reconocimiento de voz, el usuario dicta un comando o una pregunta y el sistema lo convierte en texto para que ChatGPT lo procese. En el caso de la síntesis de voz, ChatGPT convierte la respuesta generada en texto en una respuesta hablada.

Esta integración también puede ser útil en aplicaciones de entretenimiento, como asistentes virtuales para televisores o dispositivos de control por voz en el hogar. En estos casos, los usuarios pueden interactuar con ChatGPT para obtener recomendaciones de películas o programas de televisión, consultar noticias o el clima, o realizar búsquedas en línea.

En resumen, la integración de ChatGPT con sistemas de voz y control por voz permite una interacción más natural y conveniente con la tecnología, y tiene aplicaciones tanto en el mundo empresarial como en el de entretenimiento.

7. Consideraciones éticas y de privacidad en ChatGPT

En un mundo cada vez más digital, donde la tecnología se integra en casi todos los aspectos de nuestras vidas, es importante considerar los riesgos potenciales y los impactos negativos que pueden resultar del uso de esta tecnología.

ChatGPT, como modelo de lenguaje de gran escala, maneja y procesa grandes cantidades de datos, incluidos datos personales y confidenciales. Por lo tanto, es esencial considerar cómo se protege y utiliza esta información y cómo se garantiza el respeto a la privacidad y los derechos de los usuarios.

En este capítulo, abordaremos los desafíos éticos y de privacidad que surgen de la implementación de ChatGPT en diferentes aplicaciones y discutiremos las medidas que se pueden tomar para abordarlos. Exploraremos la importancia de la transparencia, la responsabilidad y la responsabilidad en el uso de la tecnología, y examinaremos cómo se pueden aplicar principios éticos y de privacidad para garantizar un futuro positivo y sostenible para ChatGPT y sus aplicaciones.

a) Sesgos en los datos de entrenamiento

El sesgo en los datos de entrenamiento es un fenómeno común en el aprendizaje automático, donde un modelo de aprendizaje tiende a producir resultados sesgados debido a la naturaleza desequilibrada o incompleta de los datos de entrenamiento. Esto puede llevar a una representación distorsionada del mundo real y a una mala generalización de las predicciones del modelo.

Hay varios tipos de sesgos que pueden afectar los datos de entrenamiento, aquí se describen algunos de los más comunes:

1. Sesgo de selección: Este tipo de sesgo ocurre cuando los datos de entrenamiento no están representativos de la población completa que se está tratando de modelar. Por ejemplo, si los datos de entrenamiento son obtenidos solo de una subpoblación particular, como un grupo de edad específico o un grupo étnico, el modelo puede ser sesgado hacia esa subpoblación y no ser capaz de generalizar a otras poblaciones.

2. Sesgo de atributo: Este tipo de sesgo ocurre cuando los datos de entrenamiento contienen un desequilibrio en la distribución de un

atributo específico, como el género o la raza. Por ejemplo, si los datos de entrenamiento contienen una mayor proporción de hombres que de mujeres, el modelo puede ser sesgado hacia las características de los hombres y no ser capaz de generalizar a las características de las mujeres.

3. Sesgo de ocurrencia: Este tipo de sesgo ocurre cuando los datos de entrenamiento están desequilibrados en cuanto a la frecuencia de ocurrencia de una clase específica. Por ejemplo, si los datos de entrenamiento contienen una mayor proporción de ejemplos de una clase en particular, como "no fraudulentos", el modelo puede ser sesgado hacia esa clase y no ser capaz de detectar adecuadamente la otra clase, como "fraudulentos".

Es importante tener en cuenta que los sesgos en los datos de entrenamiento pueden tener graves consecuencias en términos de equidad e inclusión. Por ejemplo, un modelo sesgado puede perpetuar la discriminación o perpetuar estereotipos culturales.

Para minimizar los sesgos en los datos de entrenamiento, es importante asegurarse de que los datos sean representativos y equilibrados en términos de todas las características relevantes.

Esto puede lograrse a través de diversas técnicas, como la selección aleatoria de datos de entrenamiento, la oversampling o undersampling de clases desequilibradas, o la modificación o eliminación de atributos sesgados.

Además, es importante monitorear y evaluar regularmente el sesgo en el modelo a medida que se entrena y hacer ajustes en consecuencia. Esto puede incluir la revisión de las métricas de rendimiento y la identificación de las características de los datos que están contribuyendo al sesgo.

En resumen, el sesgo en los datos de entrenamiento es un problema importante en el aprendizaje automático que puede afectar la precisión y la equidad de los modelos. Es crucial prestar atención al sesgo en la recopilación y selección de datos de entrenamiento, y monitorear y evaluar regularmente el sesgo en el modelo para garantizar resultados justos e imparciales.

b)   Protección de datos personales

La protección de datos personales es un tema crítico en el mundo digital de hoy en día. Se refiere a la privacidad de la información personal y a la seguridad de los datos que se recopilan, almacenan y utilizan en línea.

Los datos personales incluyen información como nombres, direcciones de correo electrónico, números de teléfono, información financiera y datos de ubicación. Estos datos son valiosos para las empresas y pueden ser utilizados para fines comerciales, como la publicidad personalizada y el análisis de datos.

Sin embargo, la recopilación, almacenamiento y uso de datos personales también plantea preocupaciones importantes sobre la privacidad y la seguridad. Por lo tanto, es importante proteger los datos personales de los individuos para garantizar que sean utilizados de manera responsable y ética.

Hay varias maneras de proteger los datos personales, incluyendo:

1. Consentimiento explícito: Antes de recopilar y utilizar datos personales, es necesario obtener el consentimiento explícito de los individuos. Esto incluye informar a las personas sobre qué datos se están recopilando, cómo se utilizarán y con quién se compartirán.

2. Encryption: La encriptación es una técnica de seguridad que protege los datos personales al convertirlos en un código ilegible para aquellos que no tienen acceso autorizado.

3. Acceso controlado: Es importante limitar el acceso a los datos personales solo a aquellos que realmente necesitan acceder a ellos para realizar su trabajo.

4. Regular las prácticas de recopilación y uso de datos: Las regulaciones y leyes sobre la protección de datos personales establecen las normas y regulaciones para la recopilación y el uso de datos personales.

En resumen, la protección de datos personales es esencial para garantizar la privacidad y la seguridad de la información personal en el mundo digital. Es importante tomar medidas para proteger los datos personales, como obtener el consentimiento explícito, utilizar la encriptación, limitar el acceso y regular las prácticas de recopilación y uso de datos.

c) Responsabilidad por la precisión de las respuestas

La responsabilidad por la precisión de las respuestas es un aspecto importante en el desarrollo y uso de modelos de lenguaje y tecnologías de inteligencia artificial. Al utilizar estos modelos, es esencial garantizar que las respuestas sean precisas y confiables, ya que pueden tener un impacto significativo en la toma de decisiones y en la vida de las personas.

Hay varios actores que pueden tener responsabilidad por la precisión de las respuestas, incluyendo los desarrolladores del modelo, los proveedores de datos, los usuarios finales y la sociedad en general. Cada uno de estos actores tiene un papel importante que desempeñar en garantizar la precisión y la integridad de los modelos.

Los desarrolladores del modelo tienen la responsabilidad de diseñar y entrenar modelos que sean precisos y equitativos. Esto incluye la selección cuidadosa de los datos de entrenamiento, la evaluación regular de las métricas de rendimiento y la identificación y corrección de cualquier sesgo en el modelo.

Los proveedores de datos tienen la responsabilidad de proporcionar datos precisos y representativos para el entrenamiento de los modelos. Esto incluye la eliminación de datos erróneos o sesgados, y la verificación de la calidad y la integridad de los datos.

Los usuarios finales tienen la responsabilidad de utilizar los modelos de manera responsable y de verificar la precisión de las respuestas antes de tomar decisiones importantes.

La sociedad en general tiene la responsabilidad de fomentar una cultura de responsabilidad en la tecnología y de establecer regulaciones y estándares para garantizar la precisión y la integridad de los modelos.

En resumen, la precisión de las respuestas es una responsabilidad compartida de todos los actores en el desarrollo y uso de modelos de lenguaje y tecnologías de inteligencia artificial. Cada uno debe desempeñar su papel para garantizar que los modelos sean precisos, confiables y equitativos.

8. Desafíos y limitaciones de ChatGPT

ChatGPT es un modelo de lenguaje avanzado desarrollado por OpenAI que ha revolucionado la forma en que los humanos interactúan con la tecnología. A pesar de sus logros y habilidades impresionantes, ChatGPT también presenta desafíos y limitaciones que deben ser considerados en su aplicación.

En este capítulo, exploraremos algunos de los desafíos y limitaciones más importantes de ChatGPT, incluyendo la falta de conciencia contextual, la falta de empatía y la responsabilidad, la exposición a contenido ofensivo y la propensión a replicar sesgos y prejuicios. También discutiremos cómo estos desafíos y limitaciones pueden ser abordados y mitigados para garantizar un uso responsable y éticamente sostenible de ChatGPT.

Es importante destacar que, aunque ChatGPT presenta desafíos y limitaciones, estos son superables y no deben minimizar su potencial para transformar positivamente la forma en que las personas interactúan con la tecnología y con el mundo. Al abordar estos desafíos y limitaciones de manera proactiva, podemos aprovechar al máximo el potencial de ChatGPT y utilizarlo para mejorar la calidad de vida de las personas.

a) Limitaciones en la precisión y el rendimiento

Hay varias limitaciones en la precisión y el rendimiento de los modelos de lenguaje como ChatGPT:

1. Falta de conciencia contextual: Aunque ChatGPT ha sido entrenado en una gran cantidad de texto, todavía puede tener dificultades para comprender el contexto en el que se utiliza. Esto puede llevar a respuestas inadecuadas o irrelevantes.

2. Propensión a replicar sesgos y prejuicios: Los modelos de lenguaje, incluido ChatGPT, están sujetos a replicar sesgos y prejuicios presentes en los datos de entrenamiento. Esto puede llevar a respuestas sesgadas o incluso ofensivas.

3. Falta de empatía y responsabilidad: ChatGPT es solo un modelo de computadora y no tiene la capacidad de sentir empatía o responsabilidad. Esto puede llevar a respuestas frías o insensibles a situaciones emocionales o sensibles.

4. Falta de capacidad creativa: Aunque ChatGPT es muy bueno en replicar el lenguaje humano, todavía carece de la capacidad de pensar de manera creativa y original. Esto puede limitar su capacidad para generar ideas innovadoras o soluciones a problemas complejos.

5. Exposición a contenido ofensivo: Debido a la naturaleza de la información presente en los datos de entrenamiento, es posible que ChatGPT esté expuesto a contenido ofensivo o inapropiado. Esto puede llevar a respuestas inapropiadas o dañinas.

Es importante tener en cuenta estas limitaciones al utilizar modelos de lenguaje como ChatGPT, y tomar medidas para abordarlas y mitigarlas para garantizar un uso responsable y éticamente sostenible. Esto incluye monitorear regularmente la precisión y el rendimiento del modelo, y tomar medidas para corregir cualquier sesgo o error identificado.

b) Desafíos en la privacidad y la seguridad

Los desafíos en la privacidad y la seguridad son preocupaciones críticas en el uso de modelos de lenguaje como ChatGPT. La privacidad se refiere a la protección de la información personal y la seguridad se refiere a la protección de los datos y sistemas contra el acceso no autorizado o la manipulación. Ambas son importantes para garantizar un uso responsable y éticamente sostenible de los modelos de lenguaje.

Algunos de los desafíos más importantes en la privacidad y la seguridad incluyen:

1. Protección de datos personales: Los modelos de lenguaje, incluido ChatGPT, pueden recopilar y almacenar información personal, como nombres, direcciones de correo electrónico y datos de ubicación. Es importante proteger esta información y garantizar que no sea compartida o utilizada de manera no autorizada.

2. Acceso no autorizado: La información almacenada por los modelos de lenguaje puede ser objeto de acceso no autorizado, lo que puede resultar en la pérdida o el robo de datos personales. Es importante implementar medidas de seguridad para prevenir el acceso no autorizado a los datos.

3. Vulnerabilidades de seguridad: Los modelos de lenguaje, incluido ChatGPT, pueden ser objeto de ataques de seguridad, como la

introducción de malware o la manipulación de los resultados. Es importante monitorear regularmente los sistemas y corregir cualquier vulnerabilidad identificada.

4. Uso no autorizado de datos: Los datos recopilados por los modelos de lenguaje pueden ser utilizados de manera no autorizada, como para fines comerciales o para la toma de decisiones injustas. Es importante establecer regulaciones y leyes para regular el uso de los datos y garantizar su uso responsable.

En resumen, la privacidad y la seguridad son desafíos importantes en el uso de modelos de lenguaje como ChatGPT. Es esencial implementar medidas para proteger la información personal y garantizar la seguridad de los datos y sistemas para garantizar un uso responsable y éticamente sostenible.

c)   Desafíos éticos y morales

Además de los desafíos en la privacidad y la seguridad, los modelos de lenguaje como ChatGPT también presentan desafíos éticos y morales que deben ser considerados en su aplicación. Estos desafíos incluyen:

1. Sesgos y prejuicios: Los modelos de lenguaje, incluido ChatGPT, están sujetos a replicar sesgos y prejuicios presentes en los datos de entrenamiento. Esto puede llevar a respuestas sesgadas o incluso ofensivas, lo que puede tener un impacto negativo en la toma de decisiones y en la sociedad en general.

2. Ausencia de empatía y responsabilidad: ChatGPT es solo un modelo de computadora y no tiene la capacidad de sentir empatía o responsabilidad. Esto puede llevar a respuestas frías o insensibles a situaciones emocionales o sensibles.

3. Propagación de información falsa o perjudicial: Los modelos de lenguaje, incluido ChatGPT, pueden replicar y propagar información falsa o perjudicial, lo que puede tener un impacto negativo en la sociedad.

4. Regulaciones y leyes insuficientes: Actualmente, existen pocas regulaciones y leyes que regulen el uso de los modelos de lenguaje, incluido ChatGPT. Esto puede resultar en un uso irresponsable y ético de los modelos.

Es importante abordar estos desafíos éticos y morales de manera proactiva y considerarlos al utilizar modelos de lenguaje como ChatGPT. Esto incluye monitorear regularmente la precisión y el rendimiento del modelo, y tomar medidas para corregir cualquier sesgo o error identificado. Además, es importante fomentar una cultura de responsabilidad en la tecnología y establecer regulaciones y estándares éticos para garantizar un uso responsable y éticamente sostenible de los modelos de lenguaje.

9. Uso responsable de ChatGPT

En un mundo cada vez más digital, los modelos de lenguaje como ChatGPT están revolucionando la forma en que las personas interactúan con la tecnología. Sin embargo, el uso de estos modelos también plantea preocupaciones importantes sobre privacidad, seguridad, ética y moralidad.

El uso responsable de ChatGPT implica considerar y abordar estas preocupaciones, y utilizar el modelo de manera éticamente sostenible y responsable. Esto incluye proteger la privacidad de los datos personales, garantizar la seguridad de los sistemas, monitorear la precisión y el rendimiento del modelo, y abordar los desafíos éticos y morales asociados con su uso.

En este capítulo, exploraremos las mejores prácticas y medidas para garantizar un uso responsable de ChatGPT. Discutiremos cómo proteger la privacidad y la seguridad de los datos, cómo abordar los desafíos éticos y morales, y cómo fomentar una cultura de responsabilidad en la tecnología.

Es importante destacar que el uso responsable de ChatGPT es esencial para aprovechar al máximo su potencial y transformar positivamente la forma en que las personas interactúan con la tecnología y con el mundo. Al abordar los desafíos y limitaciones de manera proactiva y considerada, podemos garantizar un futuro digital ético y sostenible.

a) Best practices para el uso de ChatGPT

Las mejores prácticas para el uso de ChatGPT incluyen:

1. Protección de privacidad: Implementar medidas de seguridad para proteger la privacidad de los datos personales, como la encriptación de los datos y la limitación del acceso no autorizado.

2. Monitoreo de precisión y rendimiento: Monitorear regularmente la precisión y el rendimiento de ChatGPT para corregir cualquier sesgo o error identificado.

3. Consideración de la ética y la moralidad: Considerar los desafíos éticos y morales asociados con el uso de ChatGPT y abordarlos de manera proactiva.

4. Transparencia en el uso de datos: Ser transparente sobre cómo se utilizan los datos recopilados por ChatGPT y garantizar que se utilicen de manera responsable.

5. Regulaciones y leyes éticas: Apoyar la creación de regulaciones y leyes éticas para regular el uso de los modelos de lenguaje y garantizar su uso responsable.

6. Fomento de la responsabilidad en la tecnología: Fomentar una cultura de responsabilidad en la tecnología y fomentar la conciencia sobre los desafíos éticos y morales asociados con el uso de ChatGPT y otros modelos de lenguaje.

7. Capacitación y educación: Capacitar a los usuarios sobre cómo utilizar ChatGPT de manera responsable y éticamente sostenible.

Siguiendo estas mejores prácticas, podemos garantizar un uso responsable y éticamente sostenible de ChatGPT y aprovechar al máximo su potencial para transformar positivamente la forma en que las personas interactúan con la tecnología y con el mundo.

b) Cómo asegurarse de un uso ético y responsable

Asegurarse de un uso ético y responsable de ChatGPT requiere la implementación de medidas concretas y la consideración constante de los desafíos éticos y morales asociados con su uso. Aquí hay algunos pasos específicos que puedes seguir para asegurarte de un uso ético y responsable de ChatGPT:

1. Protección de privacidad: Implementa medidas de seguridad, como la encriptación de los datos y la limitación del acceso no autorizado, para proteger la privacidad de los datos personales.

2. Monitoreo de precisión y rendimiento: Monitorea regularmente la precisión y el rendimiento de ChatGPT para corregir cualquier sesgo o error identificado.

3. Consideración de la ética y la moralidad: Considera los desafíos éticos y morales asociados con el uso de ChatGPT y aborda de manera proactiva cualquier preocupación o desafío identificado.

4. Transparencia en el uso de datos: Sé transparente sobre cómo se utilizan los datos recopilados por ChatGPT y garantiza que se utilicen de manera responsable.

5. Regulaciones y leyes éticas: Apoya la creación de regulaciones y leyes éticas para regular el uso de los modelos de lenguaje y garantizar su uso responsable.

6. Fomento de la responsabilidad en la tecnología: Fomenta una cultura de

responsabilidad en la tecnología y fomenta la conciencia sobre los desafíos éticos y morales asociados con el uso de ChatGPT y otros modelos de lenguaje.

7. Capacitación y educación: Capacita a los usuarios sobre cómo utilizar ChatGPT de manera responsable y éticamente sostenible.

Siguiendo estos pasos, puedes asegurarte de un uso ético y responsable de ChatGPT y de que la tecnología se utilice de manera éticamente sostenible para transformar positivamente la forma en que las personas interactúan con el mundo.

c) Consideraciones para la regulación y el control gubernamental

La regulación y el control gubernamental son esenciales para garantizar un uso responsable y éticamente sostenible de los modelos de lenguaje como ChatGPT. Aquí hay algunas consideraciones importantes sobre la regulación y el control gubernamental:

1. Protección de privacidad: Las leyes y regulaciones gubernamentales deben establecer medidas para proteger la privacidad de los datos personales recopilados por los modelos de lenguaje.

2. Transparencia en el uso de datos: Las regulaciones gubernamentales deben exigir la transparencia sobre cómo se utilizan los datos recopilados por los modelos de lenguaje y garantizar que se utilicen de manera responsable.

3. Monitoreo de precisión y rendimiento: Las regulaciones gubernamentales deben establecer medidas para monitorear la precisión y el rendimiento de los modelos de lenguaje, incluido ChatGPT, para corregir cualquier sesgo o error identificado.

4. Consideración de la ética y la moralidad: Las regulaciones gubernamentales deben considerar los desafíos éticos y morales asociados con el uso de los modelos de lenguaje y establecer medidas para abordarlos de manera proactiva.

5. Fomento de la responsabilidad en la tecnología: Las regulaciones gubernamentales deben fomentar una cultura de responsabilidad en la tecnología y fomentar la conciencia sobre los desafíos éticos y morales asociados con el uso de los modelos de lenguaje.

6. Capacitación y educación: Las regulaciones gubernamentales deben establecer medidas

para capacitar a los usuarios sobre cómo utilizar los modelos de lenguaje de manera responsable y éticamente sostenible.

En resumen, la regulación y el control gubernamental son esenciales para garantizar un uso responsable y éticamente sostenible de los modelos de lenguaje como ChatGPT. Las regulaciones gubernamentales deben considerar y abordar los desafíos éticos y morales, proteger la privacidad de los datos personales, monitorear la precisión y el rendimiento, y fomentar una cultura de responsabilidad en la tecnología.

10. Impacto de ChatGPT en la sociedad y la industria

Los modelos de lenguaje como ChatGPT están teniendo un impacto significativo en la sociedad y la industria. En muchos aspectos, están transformando la forma en que las personas interactúan con la tecnología y con el mundo. Aquí hay algunos ejemplos de cómo ChatGPT está impactando la sociedad y la industria:

1. Mejora de la productividad y eficiencia: ChatGPT y otros modelos de lenguaje están ayudando a automatizar y mejorar los procesos de la industria, lo que aumenta la productividad y la eficiencia.

2. Avances en la investigación y el conocimiento: ChatGPT y otros modelos de lenguaje están ayudando a la investigación y el desarrollo de nuevos conocimientos en una variedad de campos, como la medicina, la ciencia y la tecnología.

3. Mejora en la atención al cliente: ChatGPT y otros modelos de lenguaje están mejorando la atención al cliente al proporcionar respuestas rápidas y precisas a las preguntas de los clientes.

4. Cambios en la forma de trabajar: ChatGPT y otros modelos de lenguaje están cambiando la forma en que las personas trabajan, permitiendo una mayor automatización y eficiencia en el lugar de trabajo.

5. Nuevas oportunidades de negocios: ChatGPT y otros modelos de lenguaje están creando nuevas oportunidades de negocios y empleo en la industria de la tecnología.

En resumen, el impacto de ChatGPT y otros modelos de lenguaje en la sociedad y la industria es significativo y está transformando positivamente la forma en que las personas interactúan con la tecnología y con el mundo. Sin embargo, también es importante considerar y abordar los desafíos éticos y morales asociados con su uso para garantizar un futuro digital ético y sostenible.

a) Cambios en los empleos y la economía

Los modelos de lenguaje como ChatGPT están teniendo un impacto significativo en los empleos y la economía. Aquí hay algunas formas en que ChatGPT y otros modelos de lenguaje están cambiando los empleos y la economía:

1. Automatización de tareas: ChatGPT y otros modelos de lenguaje están automatizando

cada vez más tareas que antes requerían la intervención humana, lo que puede tener un impacto en los empleos y la economía.

2. Nuevas oportunidades de empleo: Al mismo tiempo, ChatGPT y otros modelos de lenguaje están creando nuevas oportunidades de empleo en la industria de la tecnología, incluyendo puestos en el desarrollo de software, la investigación y el análisis de datos.

3. Cambios en la forma de trabajar: ChatGPT y otros modelos de lenguaje están cambiando la forma en que las personas trabajan, lo que puede requerir una reevaluación de las habilidades y las competencias necesarias para los empleos en el futuro.

4. Desigualdad económica: El impacto de ChatGPT y otros modelos de lenguaje en los empleos y la economía puede tener un impacto en la desigualdad económica si ciertos grupos de trabajadores son más afectados por la automatización de tareas.

Es importante destacar que los modelos de lenguaje como ChatGPT están teniendo un impacto significativo en los empleos y la economía, y es importante considerar y abordar estos impactos de manera proactiva y considerada. Es posible que se requieran nuevas políticas y regulaciones para garantizar un futuro económico y laboral justo y equitativo. Al mismo tiempo, es importante fomentar la capacitación y la educación para que los trabajadores puedan adaptarse a los cambios y desarrollar las habilidades y competencias necesarias para los empleos del futuro.

b) Cambios en la forma en que interactuamos con la tecnología

Los modelos de lenguaje como ChatGPT están teniendo un impacto significativo en la forma en que interactuamos con la tecnología. Aquí hay algunas formas en que ChatGPT y otros modelos de lenguaje están cambiando la forma en que interactuamos con la tecnología:

1. Interacción más natural: ChatGPT y otros modelos de lenguaje permiten una interacción más natural y fluida con la tecnología, utilizando el lenguaje hablado o escrito en lugar de comandos y opciones limitadas.

2. Accesibilidad a la información: ChatGPT y otros modelos de lenguaje están haciendo más accesible la información, permitiendo a los usuarios hacer preguntas y obtener respuestas precisas y rápidas.

3. Personalización de la experiencia: ChatGPT y otros modelos de lenguaje están permitiendo una mayor personalización de la experiencia de los usuarios, adaptándose a las preferencias y necesidades individuales.

4. Integración en la vida diaria: ChatGPT y otros modelos de lenguaje están siendo integrados cada vez más en la vida diaria de las personas, desde el hogar hasta el trabajo y más allá.

En resumen, los modelos de lenguaje como ChatGPT están transformando la forma en que interactuamos con la tecnología. Permiten una interacción más natural y fluida, accesibilidad a la información, personalización de la experiencia y integración en la vida diaria. Al mismo tiempo, es importante considerar y abordar los desafíos éticos y morales asociados con su uso para garantizar un futuro digital ético y sostenible.

c)   Cambios en la forma en que consumimos y producimos información

Los modelos de lenguaje como ChatGPT están teniendo un impacto significativo en la forma en que consumimos y producimos información. Aquí hay algunas formas en que ChatGPT y otros modelos de lenguaje están cambiando la forma en que consumimos y producimos información:

1. Accesibilidad a la información: ChatGPT y otros modelos de lenguaje están haciendo más accesible la información, permitiendo a los usuarios hacer preguntas y obtener respuestas precisas y rápidas en tiempo real.

2. Generación automática de contenido: ChatGPT y otros modelos de lenguaje están permitiendo la generación automática de contenido, lo que puede cambiar la forma en que producimos información y cómo se utiliza.

3. Verificación de información: ChatGPT y otros modelos de lenguaje están ayudando a verificar la información y a combatir la desinformación, lo que puede mejorar la calidad de la información que consumimos.

4. Cambios en la forma de aprender: ChatGPT y otros modelos de lenguaje están cambiando la forma en que aprendemos, permitiendo una interacción más fluida y natural con la información y el conocimiento.

En resumen, los modelos de lenguaje como ChatGPT están transformando la forma en que consumimos y producimos información. Están haciendo más accesible la información, permitiendo la generación automática de contenido, ayudando a verificar la información y cambiando la forma en que aprendemos. Al mismo tiempo, es importante considerar y abordar los desafíos éticos y morales asociados con su uso para garantizar un futuro digital ético y sostenible.

11. Futuro de ChatGPT

El futuro de ChatGPT y otros modelos de lenguaje es altamente prometedor y está en constante evolución. La tecnología está desarrollándose rápidamente y los modelos de lenguaje están siendo utilizados en una variedad de aplicaciones y sectores, desde la atención al cliente hasta la investigación y el desarrollo. A medida que la tecnología continúa avanzando, es probable que veamos una mayor integración de ChatGPT y otros modelos de lenguaje en la sociedad y la industria.

Hay muchas posibilidades y oportunidades para el futuro de ChatGPT, pero también hay desafíos éticos y morales que deben ser abordados. Es importante considerar y abordar estos desafíos para garantizar un futuro digital ético y sostenible. Al mismo tiempo, es importante seguir desarrollando y mejorando ChatGPT y otros modelos de lenguaje para aprovechar al máximo su potencial y mejorar la vida de las personas.

En resumen, el futuro de ChatGPT es altamente prometedor y está en constante evolución. Hay muchas posibilidades y oportunidades, pero también hay desafíos éticos y morales que deben ser abordados. Es importante considerar y abordar estos desafíos para garantizar un futuro digital ético y sostenible.

a) Desarrollos futuros y mejoras

Hay muchos desarrollos futuros y mejoras que están por llegar para ChatGPT y otros modelos de lenguaje. Aquí hay algunos ejemplos:

1. Mejoras en la precisión y el rendimiento: Es probable que veamos mejoras continuas en la precisión y el rendimiento de ChatGPT y otros modelos de lenguaje a medida que la tecnología continúe avanzando.

2. Integración en aplicaciones y dispositivos: ChatGPT y otros modelos de lenguaje probablemente serán integrados en una variedad de aplicaciones y dispositivos, permitiendo una mayor interacción con la tecnología y una mayor accesibilidad a la información.

3. Mejoras en la privacidad y seguridad: Es probable que veamos mejoras en la privacidad y seguridad de ChatGPT y otros modelos de lenguaje, para garantizar que los datos de los usuarios sean tratados de manera responsable y segura.

4. Desarrollo de nuevas aplicaciones y usos: Es probable que veamos el desarrollo de nuevas aplicaciones y usos para ChatGPT y otros modelos de lenguaje, incluyendo aplicaciones

en la medicina, la ciencia, la educación y más.

En resumen, hay muchos desarrollos futuros y mejoras que están por llegar para ChatGPT y otros modelos de lenguaje. Desde mejoras en la precisión y el rendimiento hasta nuevas aplicaciones y usos, el futuro es altamente prometedor para esta tecnología en constante evolución.

b)   Nuevas aplicaciones y usos

Es probable que veamos el desarrollo de nuevas aplicaciones y usos para ChatGPT y otros modelos de lenguaje en el futuro. Algunos ejemplos incluyen:

1. Atención al cliente: ChatGPT y otros modelos de lenguaje pueden ser utilizados para mejorar la atención al cliente, proporcionando respuestas precisas y rápidas a las preguntas de los clientes.

2. Investigación y desarrollo: ChatGPT y otros modelos de lenguaje pueden ser utilizados en la investigación y el desarrollo, ayudando a generar nuevas ideas y soluciones a problemas complejos.

3. Educación: ChatGPT y otros modelos de lenguaje pueden ser utilizados en la

educación, permitiendo una interacción más fluida y natural con la información y el conocimiento.

4. Salud: ChatGPT y otros modelos de lenguaje pueden ser utilizados en la atención médica, permitiendo una mejor comprensión de los síntomas y una mayor accesibilidad a la información médica precisa.

Estos son solo algunos ejemplos de las nuevas aplicaciones y usos para ChatGPT y otros modelos de lenguaje. Con la constante evolución de la tecnología, es probable que veamos el desarrollo de muchas más aplicaciones y usos en el futuro.

c) Implicaciones éticas y de privacidad

Las implicaciones éticas y de privacidad de ChatGPT y otros modelos de lenguaje son importantes para considerar y abordar. Aquí hay algunos ejemplos de implicaciones éticas y de privacidad:

1. Uso de datos personales: El entrenamiento de ChatGPT y otros modelos de lenguaje requiere una gran cantidad de datos personales, incluyendo información sobre personas, conversaciones y más. Es importante garantizar que se respete la

privacidad de estos datos y que se utilicen de manera responsable.

2. Desinformación y manipulación: ChatGPT y otros modelos de lenguaje pueden ser utilizados para difundir desinformación o manipular la opinión pública. Es importante abordar estos problemas para garantizar que la información sea precisa y que los usuarios puedan confiar en la información que reciben.

3. Implicaciones en la privacidad y la seguridad: ChatGPT y otros modelos de lenguaje pueden ser utilizados para recopilar y analizar información personal y confidencial. Es importante garantizar que se respete la privacidad y la seguridad de los datos personales.

4. Implicaciones en la igualdad y la diversidad: ChatGPT y otros modelos de lenguaje están entrenados en base a los datos y patrones a los que se exponen, lo que puede resultar en una representación sesgada de la sociedad y la diversidad. Es importante abordar estos problemas para garantizar una representación justa y equitativa.

En resumen, las implicaciones éticas y de privacidad de ChatGPT y otros modelos de lenguaje son importantes para considerar y abordar. Desde la privacidad de los datos personales hasta la igualdad y la diversidad, es importante garantizar un uso ético y responsable de esta tecnología.

12. Conclusión

Hemos explorado y analizado detalladamente los aspectos más importantes de ChatGPT y otros modelos de lenguaje, incluyendo su impacto en la sociedad y la industria, los desafíos éticos y morales, los desarrollos futuros y mejoras, la regulación y el control gubernamental, y las implicaciones éticas y de privacidad.

A partir de esta exploración y análisis, es posible formular conclusiones sobre el impacto y el futuro de ChatGPT y otros modelos de lenguaje, así como sobre las mejores prácticas para garantizar un uso responsable y ético de esta tecnología. A continuación, se presentarán estas conclusiones y recomendaciones para el uso responsable de ChatGPT y otros modelos de lenguaje.

a) Resumen de los puntos clave

Aquí hay un resumen de los puntos clave mencionados anteriormente:

1. Impacto en la sociedad y la industria: ChatGPT y otros modelos de lenguaje están teniendo un impacto significativo en la sociedad y la industria, cambiando la forma en que interactuamos con la tecnología, consumimos y producimos información, y

84

cambiando la forma en que trabajamos y aprendemos.

2. Desafíos éticos y morales: Hay desafíos éticos y morales asociados con el uso de ChatGPT y otros modelos de lenguaje, incluyendo privacidad, seguridad, desinformación, manipulación y representación equitativa. Es importante abordar estos desafíos para garantizar un uso ético y responsable de la tecnología.

3. Mejoras y desarrollos futuros: Hay muchas mejoras y desarrollos futuros por llegar para ChatGPT y otros modelos de lenguaje, incluyendo mejoras en la precisión y el rendimiento, integración en aplicaciones y dispositivos, y nuevas aplicaciones y usos en áreas como la atención al cliente, la investigación y el desarrollo, la educación y la atención médica.

4. Regulación y control gubernamental: Es importante considerar la regulación y el control gubernamental para garantizar un uso responsable y ético de ChatGPT y otros modelos de lenguaje, abordando problemas como la privacidad, la seguridad, la desinformación y la manipulación.

En resumen, ChatGPT y otros modelos de lenguaje están teniendo un impacto significativo en la sociedad y la industria y presentan muchos desafíos éticos y morales. Al mismo tiempo, hay muchas mejoras y desarrollos futuros por llegar y es importante considerar la regulación y el control gubernamental para garantizar un uso responsable y ético de esta tecnología.

b)   Reflexiones finales

En conclusión, ChatGPT y otros modelos de lenguaje están teniendo un impacto significativo en la sociedad y la industria y presentan muchos desafíos éticos y morales. Es importante considerar estos desafíos y abordarlos para garantizar un uso responsable y ético de esta tecnología.

Al mismo tiempo, es importante reconocer el potencial de ChatGPT y otros modelos de lenguaje para mejorar la vida de las personas y hacer una diferencia positiva en el mundo. Desde la atención al cliente hasta la investigación y el desarrollo, hay muchas aplicaciones y usos potenciales para esta tecnología en constante evolución.

En última instancia, es importante abordar los desafíos éticos y morales y considerar la regulación y el control gubernamental para garantizar un futuro digital ético y sostenible. Al mismo tiempo, es importante seguir desarrollando y mejorando

ChatGPT y otros modelos de lenguaje para aprovechar al máximo su potencial y mejorar la vida de las personas.

c) Recomendaciones para un uso responsable de ChatGPT.

Chtat GTP sugiere algunas recomendaciones para un uso responsable de ChatGPT y otros modelos de lenguaje:

1. Garantizar la privacidad y la seguridad de los datos personales: Es importante garantizar que los datos personales sean tratados de manera responsable y segura. Esto incluye la implementación de medidas de privacidad y seguridad adecuadas y la revisión regular de las políticas y prácticas de privacidad.

2. Abordar la desinformación y la manipulación: Es importante abordar la desinformación y la manipulación en ChatGPT y otros modelos de lenguaje para garantizar que la información sea precisa y confiable. Esto puede incluir la implementación de medidas de verificación de la información y la educación sobre la importancia de la precisión en la información.

3. Promover la igualdad y la diversidad: Es importante abordar la representación sesgada en ChatGPT y otros modelos de lenguaje

para garantizar una representación justa y equitativa de la sociedad y la diversidad. Esto puede incluir la revisión regular de los datos utilizados en el entrenamiento y la implementación de medidas para garantizar una representación equitativa.

4. Considerar la regulación y el control gubernamental: Es importante considerar la regulación y el control gubernamental para garantizar un uso responsable y ético de ChatGPT y otros modelos de lenguaje. Esto puede incluir la revisión regular de las políticas y prácticas de privacidad, la implementación de medidas de verificación de la información y la educación sobre la importancia de un uso responsable y ético de la tecnología.

5. Fomentar la educación y la conciencia: Es importante fomentar la educación y la conciencia sobre ChatGPT y otros modelos de lenguaje para garantizar un uso responsable y ético. Esto puede incluir la educación sobre el funcionamiento de estos modelos y la importancia de la precisión en la información y la privacidad.

En resumen, estas recomendaciones pueden ayudar a garantizar un uso responsable y ético de ChatGPT y otros modelos de lenguaje. Al abordar la privacidad y la seguridad de los datos personales, la desinformación y la manipulación, la representación equitativa, la regulación y el control gubernamental y la educación y la conciencia, es posible aprovechar al máximo el potencial de esta tecnología y garantizar un futuro digital ético y sostenible.